PROPAGANDE RÉPUBLICAINE

JULES GIRARD

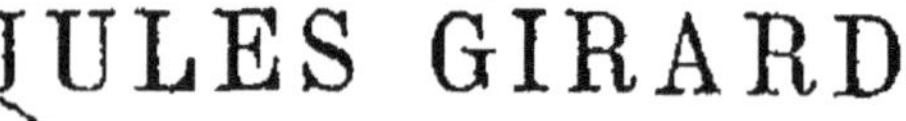

LES GRANDS TRAITRES

BOURBON
BIRON. — BOUILLÉ
BONAPARTE (Nos I ET III)
BAZAINE !

15 centimes

PRIX EXCEPTIONNELS POUR LA PROPAGANDE

PARIS

Le Chevalier, Éditeur

61, RUE DE RICHELIEU, 61

LES

GRANDS TRAÎTRES

PARIS

La propagande républicaine s'est proposée pou[r]
but de répandre sous la forme commode de l[a]
brochure à bon marché, que l'on lit et conserv[e]
mieux qu'un journal, l'instruction républicain[e]
parmi les masses non éclairées des campagnes[.]
Ce moyen largement employé par nos adversai[-]
res et qui, qu'on ne se le dissimule point, leu[r]
réussit si bien, ainsi que nous l'ont appris les de[r-]
nières élections de Charente, Nièvre et Calvados[,]
doit-être employé par le parti républicain sou[s]
peine de déchéance. Nous faisons donc appel ic[i]
à toutes les convictions sincères, à tous ceu[x]
qui croient que ce n'est qu'en luttant sans cess[e]
pour la vérité, que l'on peut arriver à la fair[e]
pénétrer dans les campagnes les plus reculées e[t]
dans les cerveaux les plus réfractaires-

Là ou nos ennemis cherchent à épaissir les té[-]
nèbres, il faut apporter la lumière.

Que le parti républicain veuille et demain [il]
aura le pays derrière lui.

Cette propagande est facile à faire ; dix o[u]
quinze républicains, réunis en groupe, peuvent[,]
en apportant chacun leur obole souscrire pou[r]
au moins cent exemplaires à notre publicatio[n]

ou toute autredu même genre et ces cent exemplaires bien distribués donneront avant peu des résultats surprenants.

Là ou on émeut si facilement avec le mensonge, le droit, la justice, doivent pousser des racines d'autant plus profondes : ceux qui se laissent apitoyer par des malheurs imaginaires ne peuvent être insensibles au récit des malheurs de la Patrie.

Voici le prix exceptionel de cette brochure pour la propagande, rendue Franco dans toute la France :

100 Exemplaires. **9** fr.
200 — **17,50**
500 — **40,** »

Adresser les demandes à M. Jules Girard, 30, rue Lacornée, Bordeaux. — à Paris chez M. Le Chevalier, 61, rue de Richelieu.

LES GRANDS TRAITRES

BOURBON (Charles, duc et connétable de)

Né en 1489, de Gilbert, comte de Montpensier et de Claire de Gonzague ; nommé connétable et vice-roi du Milanais, en récompense de son courage aux batailles d'Agnadel et de Marignan (1515). N'ayant pas voulu céder aux obsessions de Louise de Savoie, la reine-Mère, celle-ci irritée de ses mépris, lui suscita un procès pour les domaines de Bourbon. Le connétable, encore imbu des idées féodales, voulut soutenir par les armes, et contre le roi, les droits qu'il croyait avoir sur ces propriétés et sans autre forme de procès. Ne pouvant enrôler ses vassaux sous sa bannière, ainsi que cela se faisait au moyen-âge, il résolut de mettre son épée au service des ennemis de la France et devint l'un des généraux de Charles-Quint. Le connétable de Bourbon fut le premier émigré de sa famille ; il prit la fuite le 7 septembre 1523. Comme général de l'armée de l'empereur Charles-Quint, il mit le siège devant Marseille (1524) et fut repoussé par la résistance héroïque des Provençeaux. Il contribua, par sa traitreuse valeur, au succès des batailles de Biagrasso et de Pavie où François Ier, vaincu et prisonnier, écrivait, le lendemain de sa défaite, à sa mère, ces quelques lignes restées célèbres et qui prouvaient au moins un cœur français : « *Ma mère, tout est perdu fors l'honneur.* » Pendant la captivité de François Ier, Bourbon passa en Espagne où le marquis de Villano refusa de le recevoir dans son palais.

« Sire, dit ce seigneur à Charles-Quint, je ne saurais rien refuser à votre majesté, mais si le duc loge dans ma maison, j'y mettrai le feu quand il en sortira. » nobles paroles qui prouvent qu'à cette époque encore la noblesse avait conservé quelque respect d'elle-même, et que les traîtres, à quelque pays qu'ils appartinssent, leur étaient odieux. Bourbon pressé par le besoin, les bandes qu'il commandait n'ayant pu recevoir depuis longtemps leur solde, leur offrit comme dédommagement le pillage de Rome et c'est à l'assaut de cette ville, qu'il fut frappé par un coup de feu qui mit fin à sa honteuse existence, le 6 mai 1527. —

BIRON (Charles de Goutaut, duc de)

Né en 1562. Attaché à Henri IV dès l'avénement de ce prince, il devint son ami et son favori. En 1592, après la mort de son père, il fut élevé au titre d'amiral de France. En 1594, le titre de maréchal de France lui fut donné en échange de celui d'amiral qu'il rendit à Villars. En 1595, il fut nommé gouverneur de Bourgogne et après la reprise d'Amiens, il fut fait duc et pair. Mais Biron était prodigue, aimait les plaisirs; Beauvais La Nocle, agent secret des Espagnol, le gagna. Il promit dans une mission dont il fut chargé par Henri IV à Bruxelles de se joindre aux rebelles que l'Espagne parviendrait à soulever en France. Il fit de plus en 1599, un traité formel avec le duc de Savoie contre Henri IV. Mais ces menées furent dévoilées et Biron qui avait fait des aveux, obtint son pardon et fut envoyé comme ambassadeur auprès d'Élisabeth. A son retour, des preuves non équivoques d'une nouvelle trahison ayant été découvertes, Biron fut arrêté, conduit à la Bastille, jugé et condamné à être décapité. Cette sentence fut exécutée dans l'intérieur de la Bastille le 31 Juillet 1602. Biron était d'un caractère bouillant, d'une activité effrénée, brillant à la cour et sur le champ de bataille, magnifique, sans aucun principe de morale, quoique religieux, vain, léger, opiniâtre et présomptueux, tel est d'ailleurs le caractère de tous es ambitieux et de tous les traîtres.

BOUILLÉ (François-Claude-Amon, mis de)

Né en Auvergne, le 19 Novembre 1739, mort le 14 Novembre 1800. Capitaine à dix-sept ans, combattit le 22 Mars 1761, à la tête de l'avant-garde, à Grumberg, en Allemagne, et contribua au succès de cette journée. Accueilli à la cour en triomphateur, il reçut de Louis XV le brevet de colonel. Il se distingua encore en diverses circonstances pendant la guerre de sept ans, y fut blessé plusieurs fois et fait prisonnier. Nommé, en 1768, gouverneur de la Guadeloupe et en 1777, gouverneur général des îles du Vent. Elevé au grade de lieutenant-général, il reçut en même temps le collier des ordres du roi, puis on lui donna le commandement des trois Évêchés et des provinces d'Alsace et de Franche-Comté. En 1789, des contestations s'étant élevées entre lui et la municipalité de Metz qui l'accusait, non sans raison, d'exciter le désordre entre les troupes sous son commandement et la garde nationale, il manifesta l'intention de quitter la France et renonça à ce projet sur les instances du roi. En 1790, il prêta serment à la Constitution, et le 31 Août de cette même année, il comprima l'insurrection de la garnison de Nancy à laquelle s'étaient joints les habitants de la ville.

Confident du roi, lors de la tentative de fuite de ce prince et de sa famille, en 1791, le marquis de Bouillé fit tout pour l'accomplissement de ce projet : il avait échelonné ses troupes de Châlons à Montmédy, et préparé dans cette dernière ville une retraite pour la famille royale. L'insuccès de cette entreprise le détermina à quitter la France. Ce fut alors que le marquis de Bouillé écrivit à l'assemblée nationale une lettre menaçante dans laquelle il déclarait que si l'on touchait à un cheveu de Louis XVI, il ne laisserait pas pierre sur sur pierre dans Paris : menace insensée qui ne pouvait avoir d'autre résultat que d'aggraver la situation du roi et de sa famille. La lettre de Bouillé excita la plus vive indignation en France : Rouget de Lisle, dans sa sublime *Marseillaise*, a rendu immortel le souvenir d. cette trahison par ces vers énergiques que le peuple chantera encore alors que la mémoire des plus odieux tyrans sera effacée ?

> ... Les complices de Bouillé,
> Tous ces tigres qui sans pitié
> Déchirent le sein de leur mère.

Bouillé se rendit en Russie, obtint de l'impératrice Catherine II, la promesse de joindre 36,000 hommes à l'armée du roi de Suède qui, encouragé par les souverains de l'Allemagne, se disposait à marcher contre la France ; mais l'assassinat du roi de Suède Gustave III, ayant fait évanouir ces projets, le marquis de Bouillé se rendit à l'armée des émigrés commandée par le prince de Condé, puis se retira à Londres où il mourut, le 14 Novembrs 1800 honni et méprisé par tous les vrais patriotes, quelque soit le pays qui les ai vu naître.

BONAPARTE (Nos. I. et III.)

Ce corse, nommé général en chef des armées de la République Française, et non satisfait de ce titre que le courage de nos

raves soldats républicains lui avait ac-
uis, trahit le gouvernement qui l'avait
levé à ces hautes dignités en dispersant, le
8 Brumaire, la représentation nationale de
aquelle il tenait ses pouvoirs et mitraillant
e peuple qui essayait de défendre le droit
t la loi.

Plus intelligent que ses prédécesseurst
Bourbon, Biron et Bouillé qui ne trouvèrent,
au bout de leur lâche trahison que la mort
ou l'infâmie, Bonaparte comprit de suite
qu'il ferait une fausse démarche en se ven-
lant à l'étranger pour lutter contre les
héros dont il avait pu apprécier le courage
sur les divers champs de batailleoù ilsavaient
eu à combattre l'absolutisme. Dans cette al-
ternative, et étant donné ses instincts, il ne
lui restait qu'un moyen pour trahir les in-
térêts du pays et satisfaire son abjecte ambi-
tion : suborner ses soldats et profiter d'un
moment d'enthousiasme irréfléchi de leur
part, pour s'emparer audacieusementdu pou-
voirsuprême. Bonaparte n'hésita pas, le droit
fut foulé aux pieds par la force inconscien-
te ! et de simple officier, Bonaparte devint
empereur et roi !

Il eut une cour, des chambellans, les
flatteurs ne manquèrent point ; cette espèce là, comme les vers, surgit et fourmille
partout où il y a de la pourriture !

L'armée qui aurait pu avoir des remords
pour le crimecommis contre la chose publique, fut occupée pendant 14 ans à guerroyer
de l'Est à l'Ouest, du Sud au Nord.

Il fallait bien étouffer en elle le sentiment de la Justice ; mais par contre l'on détruisit tous les ressorts du patriotisme. L'hécatombe de 1812 (Moscou) fut le commencement de la fin ; puis vinrent les campagnes de 1813, (Leipzig,) 1814 et 1815 : deux invasions! et le couronnement de l'œuvre, — car les Bonaparte tiennent tous à couronner leur œuvre, — WATERLOO!

La République Française, à l'époque où Bonaparte n'était que simple général, avait rallié autour d'elle cent-dix départements. L'Empire, après sa chûte à Waterloo, nous laissait avec nos rois de droit divin et la France amoindrie de vingt-et-un départements !

L'abus de la force nous rendait victimes des représailles de cette mêmeforce.

Telle est la morale de l'histoire

Les traîtres qui réussissent à s'élever peuvent pendant quelque temps faire illusion aux historiens à vue courte, disons mieux aux faiseurs de légendes; mais la postérité est là pour juger avec la rigueur quelles méritent les œuvres de ces traîtres heureux auxquels on a donné le nom de césars !

Quelques lignes sur le Bonaparte No III suffiront pour compléter notre démonstration, ce dernier étant la conséquence du premier, et la génération actuelle ayant pu juger elle-même, par le commencement et la triste fin de cet aventurier, du degré d'abjection dans lequel peuvent tomber des individus de cette sorte.

Parjure et assassin, ce misérable put s'é-

er au-dessus de la loi qui devait le frapper,
foulant aux pieds ses serments et faisant
r, fusiller et déporter tous ceux qui
ient tenté de s'opposer à ses abominables
seins. Pendant vingt ans il tînt la
nce sous son genoux, étouffant ainsi
te aspiration généreuse et corrompant,
l'exemple de débauches sans nom, la
nération qui s'élevait et grandissait sous
direction. La pensée devenue suspecte
it poursuivie, traquée par une quanti-
innombrable de mouchards; mais par
ntre, les filles de joie ne virent jamais un
s beau règne et les viveurs purent se
ntrer dans des orgies de toutes sortes;
ne Bonaparte exhibait à ses invités de
mpiègne, dans certains tableaux vivants,
formes les plus variées et les plus
imes.
On en était là, quand cette tourbe d'idiots
de ramolis enivrés par les libations de la
lle et l'infatuation la plus grotesque, le
ur léger, la cervelle vide, se mit en
rche pour guerroyer contre la Prusse, en-
înant à leur suite pour les précipiter
ns l'abîme l'élément le plus vivace et
plus généreux de notre nation.
On sait ce qu'il advînt. Les défaites suc-
dèrent aux défaites; l'imprévoyance fut
ublée par l'incapacité; l'ennemi pénétra
notre sol, et l'empire, acculé dans l'en-
noir de Sédan, se rendit à discrétion en
rifiant l'honneur du pays, de notre ar-
e, espérant, comme par le passé, que la

grandeur de son infâmie lui permettrait de resaisir le pouvoir qui était le seul objet de ses convoitises. Jamais trahison, n'avait amené une chute aussi formidable, le lâche assassin de Décembre venait de combler la mesure de ses forfaits! Quatre-vingt mille hommes et notre matériel de guerre livrés traîtreusement à l'ennemi, tel fut le couronnement de l'édifice impérial.

Paysans de la Charente, de la Nièvre et du Calvados, vous qui votez encore pour ce principe funeste qui nous a valu l'invasion et le démembrement de la France, savez-vous ce que vous faites ? avez-vous encore votre sens moral ? et les mots de patrie et d'honneur n'auraient-ils plus pour vous aucune signification ? Oubliez-vous que la dernière guerre nous a arraché trois autres départements et que nos frères d'Alsace et Lorraine pleurent tous les jours la mère patrie ? Cela ne peut être ; vos erreurs sont les produits de l'ignorance et des excitations malsaines auxquelles vous êtes en butte de la part des gens tarés que l'effrondement de l'empire a jetés sur le pavé et qui, à tout prix veulent ressaisir un pouvoir dont l'édification vous remplirait de honte et de remords.

Lisez, éclairez-vous et ne recommencez pas la lourde faute que vous avez commise en 1869, lors du trop fameux plébiciste, si vous tenez à votre sol, à votre patrie, à votre honneur.

BAZAINE !

oici celui qui fut chargé d'exécuter ce
les bonapartistes fervents ont appelé :
plus grande pensée du règne de Napoléon
» et ce qui ne fut en réalité qu'une terri-
mystification dont les résultats amenè-
t la perte de notre matériel de guerre,
notre sang et de notre or. Les souscrip-
rs à l'emprunt mexicain doivent en savoir
lque chose! Un tel individu étaitbien di-
de remplir une telle tâche, aussi s'en
uitta-t-il consciencieusement et sut-il
ier, dans cette funeste campagne du
xique, une fortune scandaleuse qui pre-
t sa source dans nos ruines!
n tel passé devait nous faire prévoir ce
arriverait et le traître Bonaparte en
fiant le commandement de notre armée
Rhin au traître Bazaine savait bien ce
il faisait : à traître, traître et demi !
uand cette nomination de Bazaine fut con-
par les soldats qui avaient servi sous
ordres dans la désastreuse campagne
Mexique, on les entendit s'écrier : «Si
aine est nommé, nous sommes perdus! »
aroles prophétiques qui ne devaient que
p tôp se vérifier.
uelques détails biographiques sur cet
nme funeste trouvent ici naturellement
r place :
BAZAINE (François Achille) né le 13 Fé-
er 1811, s'engagea en 1831, et passa
Afrique en 1832; quatre ans après il était

nommé lieutenant et décoré sur le champ de bataille. En 1837, détaché à la légion-étrangère, il suivit ce corps en Espagneet fit deux campagnes contre les bandes car-listes, revint en Algérie avec le grade de capitaine (1839) et fit plusieurs autres expé-ditions en Algérie,

Lieutenant-colonel en 1848, en 1850 à la tête du 1er régiment de la légion étran-gére qu'il commanda en Orient (1854).

Général de division en 1855. En Juillet 1862, fut placé à la tête de la 1re division d'infanterie du corps expéditionnaire qui était au Mexique. Il quitta la Vera-Cruz, au commencement de décembre de la même année, pour prendre le commandement de Jalapa. Au mois d'Octobre de l'année sui-vante il succéda au général Forey comme général en chef de l'expédition; Bonaparte avait flairé son homme.

Le 12 Juillet 1863 il entre à Mexico, or-ganise une contre guerilla pour poursuivre et harceler Juarez président, à cette époque de la république méxicaine et qui défendait pied à pied le sol de sa patrie. L'année sui-vante Juarez se retire aux extrêmes frontiè-res où il ne cesse d'organiser la défense nationale. Nous ne parlerons pas des excés commis sur la population même inoffensive de ce pays par les ordres de Bazaine, notre cadre ne nous permet pas une telle analyse et ces récits ayant été faits d'une façon com-plète par des témoins de ces scènes de sau vageries qui les ont flétries comme elles le méritaient. Le 8 Février, il s'empara de le ville forte d'Oajaca. Quelques temps après il renonçait à la conquête, devant l'impossibilité matérielle de la maintenir et quitte la Vera-Cruz le 12 Mars 1867. Le tour était joué ; Morny avait ses millions, la France ses soldats et son matériel de guerre perdus. Pour payer de tels services Bonaparte l'éleva à la dignité de maréchal, par un décret en date du 5 septembre 1864 ; le 12 novembre suivant, il fut nommé au commandement du 3me corps d'armée dont le siège était à Nancy et le 15 Novembre 1869, commandant en chef de la garde impériale. Le 16 Août 1856, il avait été nommé commandeur de la légion-d'honneur et grand'croix, le 2 Juillet 1863.

En 1870, lors de nos premiers désastres, Bazaine fut nommé général en chef de l'armée du Rhin.

Aucun Français n'ignore aujoud'hui, comment et de quelle façon, il s'acquitta de ce commandement qui remettait le sort de la patrie entre ses mains.

Après avoir fatigué nos soldats dans diverses rencontres avec les Prussiens qui, malgré tout furent vaincus à Borny et à Gravelotte, par le courage héroïque de notre valeureuse armée, Bazaine se retira dans Metz pour y attendre les propositions de l'ennemi. Ces propositions ne se firent point attendre longtemps et eurent pour résultat la reddition de Metz, la livraison de nos drapeaux et de notre matériel de

guerre et la captivité d'une armée de cent
soixante mille hommes, qui ne demandaien
tous qu'à se battre et qui furent emmenés
comme un troupeau, prisonniers en Prusse

Le misérable Bazaine, venait de surpasse
tout ce que l'histoire nous apprend sur les
grands traîtres; suivant, il est vrai, en cela
l'exemple que le IIIe Bonaparte lui avai
donné à Sédan.

Les désastres de la patrie étaient à leur
comble; qui ne se souvient à cette époque
de la magnifique proclamation de Gambetta
annonçant au pays cette infâme trahison
qui n'a été ému par les accents de ce patrio
tisme si sincère et si élevé?

Nous pouvons dire hardiment qu'à ce
moment là, tous les honnêtes gens, à quel
que classe qu'ils appartinssent, avaient en
horreur le bonapartisme et tout ce qui pou
vait y ressembler de près ou de loin; la
France était alors unanime pour maudire
ce ramassis de gredins qui l'avaient exploi
tée pendant près de vingt ans. Et cepen
dant nous revoyons actuellement certaine
populations dévoyées et oublieuses revenir,
comme certains animaux, à leur vomis
sement.

Étrange époque! Bizarre aveuglement!
Voici d'ailleurs comment les Allemands
eux-mêmes apprécient aujourd'hui les con
séquences de cette trahison, conséquences
que que le sentiment public et les juges en
France avaient déjà déduites.

Dans un livre intitulé : *Les Prussiens*

devant Paris, d'après des documents allemands,
par M. Neukmann, nous trouvons les
lignes suivantes sur la chute de Metz :

« Sans cette capitulation, pourquoi ne l'a-
vouerions-nous pas aujourd'hui ? — c'est le
correspondant de la *Gazette de Cologne.* qui
parle— *nous aurions été forcés de lever le siége
de Paris.* Alors l'armée de la Loire se serait
jointe aux soldats, aux mobiles et aux francs-
tireurs de la capitale, on aurait envoyé des
renforts considérables à l'armée du Nord, et
nous aurions dû, nous, aller prendre nos
positions en arrière de Meaux. »

La guerre terminée, Bazaine revenait en
France y promener sa morgue insolente et
insulter par sa présence à nos malheurs.
L'opinion publique indignée et révoltée,
força le gouvernement à s'occuper de ce
traître qui fut arrêté et mis en accusation.
A la suite des longs débats que tout le monde
put lire, le Conseil de guerre rendit l'arrêt
suivant :

« Cejourd'hui. 10 décembre 1873, le premier Conseil de guerre de la première division militaire, siégeant au Trianon et
délibérant à huis-clos; le président a posé
les questions suivantes :

» 1. — Le maréchal Bazaine est-il coupa-
ble d'avoir signé, le 28 octobre 1870, à la
tête d'une armée en rase campagne, une
capitulation?

» 2. — Cette capitulation a-t-elle eu pour
résultat de faire poser les armes à cette
armée?

» 3. — Le maréchal a-t-il traité verb
ment ou autrement avec l'ennemi?

» 4.— Le maréchal Bazaine a-t-il fait, a
d'avoir signé ladi e capitulation, tout ce
lui prescrivaient le devoir et l'honneur?

Les voix, recueillies séparément, en c
mençant par le grade inférieur, le présid
ayant émis son opiuion le dernier, le Cor
déclare :

» Sur la première question : Oui, à l'u
nimité.

» Sur la deuxième question : Oui, à l'u
nimité.

» Sur la troisième question : Oui, à l'u
nimité.

» Sur la quatrième question : Oui, à l'u
nimité.

» Sur quoi, et attendu les conclusions
ses par le commissaire du gouvernen
dans ses réquisitions, le président a l
texte de la loi et a recueilli de nouveau
voix dans la forme indiquée ci-dessus p
l'application de la peine ;

» En conséquence, le Conseil, en v
des articles 209 et 210 du Code militaire

» Condamne,

» A l'unanimité, le nommé Franç
Achille Bazaine à la peine de mort et
dégradation militaire ;

» Déclare, en outre, qu'il cesse de f
partie de l'ordre de la Légion-d'Honneu
d'avoir le droit de porter la médaille milita

» Le condamne aux frais et dépens en
l'État ;

» Ordonne que lecture soit faite immédiatement devant la garde assemblée de la teneur de ce jugement au condamné, qui aura vingt-quatre heures pour se pourvoir en révision. »

On sait qu'à la suite de cette retentissante condamnation, le maréchal Mac-Mahon, président de la République, commua la peine de mort prononcée contre Bazaine, en vingt années de détention, le dispensant des formalités de la dégradation militaire, mais non de ses effets.

Le maréchal gracié, il ne restait plus que le criminel qui fut conduit, avec de grands ménagements, à l'île Sainte-Marguerite, lieu désigné pour son internement. Mais le gouvernement avait compté sans les bonapartistes qui, terrifiés par l'arrêt du tribunal militaire, n'osèrent cette fois protester et parurent s'incliner sous le coup qui frappait le misérable dans lequel ils avaient placé toutes leurs espérances ; la condescendance dont le condamné fut l'objet, leur rendit toute leur audace, si bien, qu'au bout de quelques mois, Bazaine s'évadait, aidé non pas par sa femme, ainsi que le prouve aisément l'espèce de roman avec lequel tous deux ont voulu donner le change à la justice et à l'opinion publique, mais par ses dignes acolytes dont l'influence avait été grandissante jusqu'à ce moment, grâce à la déplorable politique suivie par M. de Broglie, pendant tout le tout le temps qu'ont duré son ministère et sa funeste influence.

Les bonapartistes n'ignorent pas que, pou
arriver au pouvoir, ils ont besoin d'avoir à
leur service, un homme d'épée, de sac et d
corde, un Saint-Arnaud quelconque et qu
seuls, ces gens qui ont tout perdu : princi
pes et honnenr, sont capables de tout ris
quer. On ne fait pas un coup de main san
épée ; on ne fusille pas sans fusils !

Désespérant de trouver dans notre armé
qui se régénère en se consacrant eniière
ment à la France, l'homme dont ils ont be
soin pour faire leur coup, ils ont dû se re
jéter sur celui que cette même armée
chassé honteusement de ses rangs pou
avoir voulu servir le bonapartisme au détri
ment de sa patrie, notre chère France !

On connaît de reste actuellement le pre
mier usage que Bazaine a fait de sa liberté
Ses premières visites ont été d'abord pou
ceux auxquels il avait livré son armée, en
suite pour l'ex-impératrice et son rejeton
Le cynisme de ce misérable sans honneu
ni conscience, se découvre ici dans toute s
hideur, et nous espérons bien cette fois qu
nos honnêtes populations des campagne
comprendront quelle honte rejaillirait su
eux en ne repoussant pas énergiquemen
les hommes qui, de près ou de loin, appar
tiennent à un parti auquel nous ne devons
jusqu'à ce jour, que d'immenses désastre
et dont le bras droit s'appelle : BAZAINE.

Un dernier trait suffira pour indiquer l
valeur morale des Bonaparte et des Bazain
en question ; ce trait nous est fourni par l

justice chargée de poursuivre les complices de l'évasion Bazaine et qui vient de découvrir que l'un des principaux agents présumés de cette évasion, n'est autre qu'un certain capitaine Doineau, condamné à mort par la Cour d'assises d'Olan, pour lefait suivant :

Le 12 novembre 1856, à trois heures du matin, une diligence attelée de huit chevaux, sortant de Tlemcen pour se rendre à Oran, avait été attaquée. Les voyageurs, au nombre desquels se trouvaient un chef arabe, ami de la France, et son interprète, un négociant, un médecin et une dame, avaient été, les uns tués, les autres cruellement blessés.

L'instruction ouverte sur ce crime, qui causa une extrême émotion en Algérie, prouva que le « capitaine Doineau » assistait à l'attaque de la diligence, que, caché sous un double burnous, il n'avait pas frappé lui-même, mais qu'il avait excité, encouragé et dirigé les assassins et, en réalité, commandé le massacre. Pénétrant plus avant dans les motifs qui avaient inspiré M. Doineau, l'instruction arriva à une découverte qui ajoutait a la gravité des premières révélations. On trouva, dans une perquisition, deux paquets cachetés, adressés par le capitaine Doineau à un de ses parents, et qui renfermait une somme de 38,300 francs.

Il fut établi que ces sommes étaient venues en la possession de M. Doineau, par suite des actes les plus honteux de concussion et de la pire dilapidation des deniers de l'Etat.

Voleur et assassin : tel était l'individu en qnestion ; mais, sous l'empire, de telles choses étaient considérées comme peccadilles, surtout quand elles étaient commises par de fervents serviteurs. La susdite peine de mort fut commuée par Bonaparte en travaux forcés à perpétuité et, peu après, en une grâce complète.

Il fallait donc la fatalité des évènements pour prouver aux moins clairvoyants que Bonaparte, Bazaine et Doineau n'étaient que les chaînons d'une même chaîne, les agrégats réunis par le même principe : le **Banditisme !**

FIN